BEI GRIN MACHT SICH IHR WISSEN BEZAHLT

- Wir veröffentlichen Ihre Hausarbeit,
  Bachelor- und Masterarbeit

- Ihr eigenes eBook und Buch -
  weltweit in allen wichtigen Shops

- Verdienen Sie an jedem Verkauf

Jetzt bei www.GRIN.com hochladen
und kostenlos publizieren

Maria-Margareta Weitzig

Psychosomatische Medizin im Kindes- und Jugendalter am Beispiel des Asthma Bronchiale und der Neurodermitis

Ein Kurzvortrag

GRIN Verlag

Bibliografische Information der Deutschen Nationalbibliothek:

Die Deutsche Bibliothek verzeichnet diese Publikation in der Deutschen National-
bibliografie; detaillierte bibliografische Daten sind im Internet über http://dnb.d-
nb.de/ abrufbar.

Impressum:

Copyright © 2000 GRIN Verlag GmbH
Druck und Bindung: Books on Demand GmbH, Norderstedt Germany
ISBN: 978-3-638-93709-2

Dieses Buch bei GRIN:

http://www.grin.com/de/e-book/20897/psychosomatische-medizin-im-kindes-und-
jugendalter-am-beispiel-des-asthma

Veranstaltung: Grundlagen der Psychoanalyse III: Psychosomatische Medizin
VAK 12 - 640   WS 1999/2ooo

Referendierende: Maria-Margareta Weitzig

Psychosomatische Medizin im Kindes- und Jugendalter am Beispiel des atopischen Asthma bronchiale und der Neurodermitis

Referendierende: Maria-Margareta Weitzig..1

1. Atopien....................2

2. Neurodermitis 3
    2.1 Allgemeine Symptomatik 3
    2.2 Psychosomatische Aspekte 4
    2.3 Krankheitsauslösende Faktoren und Krankheitsverlauf....................5
    2.4 Therapie 9

3. Asthma Bronchiale....................11
    3.1 Krankheitsbild des Asthma bronchiale 11
    3.2 Psychoanalytische Befunde 14
    3.3 Psychosomatik 15
    3.4 Therapie 17

Literaturverzeichnis 19

2

1. Atopien

„Eine anlagemäßige vererbte Bereitschaft zur Überempfindlichkeit mit einer bestimmten Überreaktion wird Atopie genannt." (Sopko in:Uexküll 1996 S. 1122)

-Griechisch - atopos-: nicht an einem festen Ort auftretend.

Als „allergisch" werden in der Regel solche erworbenen körperlichen Reaktionen bezeichnet, die durch Vermittlung von Antikörpern oder immunkompetenten Zellen entstehen.

Das Auftreten von Antikörpern oder immunkompetenten Zellen setzt eine vorherige Sensibilisierung voraus, d. h. das Immunsystem bildet spezifische Antikörper auf in den Organismus eingedrungene „Fremdstoffe", die in der Lage sind, bei erneutem Kontakt mit diesen Fremdstoffen zu reagieren. (z.B. Antikörperbildung nach Kinderkrankheiten)

Im Falle der Immunität führt diese Auseinandersetzung zu einem Schutz, hingegen liegen die Dinge bei der Allergie umgekehrt: Primär unschädliche tolerierte Stoffe werden infolge von Reaktionen mit Antikörpern oder sensibilisierten T-Zellen pathogen und können zu Krankheitserscheinungen führen. Die allergische Reaktion manifestiert sich zunächst an demjenigen Organ, durch welches das Allergen in den Organismus gelangte, also Hautkontakt bewirkt Kontaktekzem, Nasenschleimhaut Fließschnupfen und Bronchialschleimhaut Asthma usw. Die Kontaktregel gilt jedoch nur unter Einschränkungen, es kann auch zu Fernreaktionen wie Arzneimittelallergien und Insektengiftallergien kommen oder die allergische Reaktion tritt generalisiert auf wie beim anaphylaktischem Schock.

Es gibt Inhalationsallergene, Nahrungsmittelallergene, Parasitenallergene, Kontaktallergene, Arzneimittelallergene und weitere.

Unter Atopie versteht man also eine konstitutionell *erhöhte* Bereitschaft, auf bestimmte Antigene mit der Bildung von Antikörpern zu reagieren. Bei diesen Antikörpern, sog. Reaginen, handelt es sich um Immunglobine des Typs E.

Die Erbanlagen geben das ursprünglich für die Infektionsabwehr entwickelte Immunsystem weiter. (Wirsching 1996) Auf eine erbliche Veranlagung weist u.a. hin, dass es in der Verwandtschaft der ekzemkranken Patienten neben dem Ekzem fast immer auch das Asthma oder den Heuschnupfen gibt und diese Erkrankungen sich auch abwechseln und gleichzeitig auftreten könne.

Ungünstige, nicht auf Bewältigung der belastenden Situation ausgerichtete Verhaltensmuster können zu einer dauerhaften Aktivierung des endokrinen Systems und Beeinträchtigung des

Immunsystems beitragen und das Risiko für die Auslösung oder Aufrechterhaltung einer Krankheit erhöhen (Gieler in Uexküll 1996)

2. Neurodermitis

Die häufigste Hauterkrankung, bei der psychische Faktoren eine ursächliche Rolle für den Verlauf und die Auslösung von Rezidiven spielen, ist die Dermatitis atopica, die zusammen mit der allergischen Rhinitis und dem allergischen Asthma bronchiale die Trias der klassischen atopischen Erkrankungen bildet. Das endogene Ekzem ist jedoch keine primär allergische Erkrankung, da bei ihm oft keine nutritiven oder inhalativen Allergien auftreten. (z.B. Beugeekzem) Eine Erbanlage (allergische Disposition, Überproduktion von Immunglobin E) wird zu einer chronischen, Kind und Eltern belastenden Krankheit. Was sich weiter auf die Entwicklung des Kindes und der Familie auswirkt.

Die Rhinopathie und das Asthma sind parasympathikomimetisch stigmatisiert, dagegen haben die atopischen Hauterscheinungen einen sympathikomimetischen Charakter. Auf diese Unterschiede ist es zurückzuführen, dass sich bei Patienten bei einer Besserung der Hauterscheinungen eine Verschlechterung der asthmatischen Beschwerden einstellt und umgekehrt.

2.1 Allgemeine Symptomatik

Zur Epidemiologie der Atopien gibt es unterschiedliche Aussagen. Uexküll (1996) gibt an, dass in Deutschland 2 - 3 Millionen Menschen an atopischem Ekzem leiden, 14 - 16 % der Kinder leiden an atopischen Erkrankungen, wovon das atopische Ekzem etwa 1/3 ausmacht. Ein Anstieg der Erkrankungen wird auf die zunehmende Umweltverschmutzung zurückgeführt.

Neurodermitis manifestiert sich in der Regel im Säuglingsalter, speziell im zweiten bis dritten Lebensmonat. Etwa die Hälfte aller Betroffenen sind nach einem Zeitraum von zwei Jahren beschwerdefrei. (Illig & Groneuer, 1991) Im Alter geht der Schweregrad des Ekzems zurück und scheint abzuheilen. Eine Heilung ist ausgeschlossen, da die genetische Belastung als Voraussetzung - eben als Krankheitsanlage erhalten bleibt.

Die charakteristische Erscheinungsform beim Säugling ist der Milchschorf (Begriff abgeleitet vom Zeitpunkt des Auftretens = Umstellung von Muttermilch auf Kuhmilch), sowie entzündliche Veränderungen an beiden Wangen, bei Kleinkindern im Bereich der Gelenkbeugen, im Jugendalter zudem an den Streckseiten der Extremitäten. Es sind aber auch andere Verlaufsformen bekannt. Das quälende Hauptsymptom ist der durch Histaminfreisetzung erfolgende Juckreiz. Dadurch kommt es zum Schlafentzug, was sich in Konzentrationsschwäche, Müdigkeit, Leistungsabbau und deren Folgen zeigt. Als begleitende Störung kann eine Sebostase (verminderte Talgdrüsenproduktion) auftreten. Zudem Juckreiz bei Wollkontakt oder Schwitzen, was auf eine Störung der Hornschicht schließen könnte und Nahrungsmittelunverträglichkeiten.

2.2 Psychosomatische Aspekte

Der Haut als Sinnes- und Grenzorgan zur Umwelt kommt für die seelische Entwicklung des Kindes und für die Beziehungsentwicklung über den gesamten Lebenszyklus hinweg große Bedeutung zu. Chronischer Juckreiz erschwert in hohem Masse die Entwicklung einer innerseelischen Eigenständigkeit, da er dem Betroffenen das Erleben einer Abhängigkeit von Symptomen dauernd aufzwingt. Das atopische Ekzem führt nach seinem Auftreten fast immer zu Nähe-Distanz-Konflikten im späteren Leben. (Uwe Gieler und Ulrich Stangier in: Uexküll 1996) Die psychische Entwicklung wird durch das Vorhandensein in der frühen Lebensphase nachhaltig beeinflusst. Die Objektbeziehungen verlaufen durch die Krankheit anders als normal, besonders, wenn die Krankheit im ersten Lebensjahr – bei nicht abgeschlossener Ich-Entwicklung auftritt.

Die Annahme, dass es spezifische Persönlichkeitstypen, spezifische Konflikte und spezifische Familienstrukturen gäbe, die ursächlich an der Entstehung beteiligt seien, ließ sich nicht beweisen, verblieb weitgehend im Spekulativen. Es gibt keine einheitliche, für alle Betroffenen zwingende Ursache. Ebenso gibt es auch kein einziges bestimmtes Problem, das in der Psychotherapie bei allen Neurodermitikern anzugehen wäre, um eine wesentliche Verbesserung der Krankheit zu erreichen. Im allgemeinen können alle psychischen

Spannungszustände inklusive positive die Neurodermitis auslösen, ihre weiteren Schübe provozieren oder das Abheilen verhindern. Der Name Neurodermitis hat häufig zu der Auffassung geführt, dass es sich dabei um eine rein nervlich bzw. seelische Krankheit handele. Dazu bei trug die Darstellung der psychoanalytischen Psychosomatik, die zusätzlich die krankmachende Rolle der Mutter betonte.

"Ob nun eine frühe Störung der Mutter-Kind-Beziehung zur Neurodermitis führt oder ob die Neurodermitis in früher Kindheit eine Störung der Mutter-Kind-Beziehung zur Folge hat (was fast zwangsläufig ist, wenn die liebevolle Berührung des Säuglings diesem Schmerz bereitet), ist meistens nicht zu klären." (Becker 1990 S. 64) Heute geht man von einem Bedingungsgefüge von Faktoren aus, die sich wechselseitig beeinflussen.

2.3 Krankheitsauslösende Faktoren und Krankheitsverlauf

Psychische Faktoren spielen als Auslösebedingung der multifaktoriellen genetischen Disposition eine wichtige Rolle, die jeweils individuell -fallbezogen sind.
"Die Beobachtung, dass einem Asthmaanfall und auch der akuten Exazerbation der Neurodermitis in sehr vielen Fällen eine seelische Belastung vorausgeht und dass eine Krankheitsverschlechterung häufig im Zusammenhang mit emotionalem Stress entsteht, wurde von vielen Forschern bestätigt." (Loch 1985 S. 46) So kann zum Beispiel ein Beziehungskonflikt zwischen den Eltern quasi auf der Haut des Säuglings ausgetragen werden. "....der Zustand der Haut kann zum Stressindikator für das System im ganzen werden." (ebenda S. 58) Psychische Konflikte stellen in der Pathogenese der Neurodermitis jedoch nicht regelmäßig den zentralen Aspekt der Krankheit dar. Nach Loch verursacht weder eine gestörte Psyche eine körperliche Erkrankung, noch verursacht die körperliche Krankheit die seelische Störung.

Allergische und emotionale Auslöser ergänzen sich oft in ihrer Wirkung. Die ererbte (atopische) Disposition als Erkrankungsbereitschaft wird durch äußere Bedingungen wie Klima, Kleidung usw. beeinflusst, psychische Faktoren bestimmen vor allem den Verlauf. (Becker 1990) Sophinette Becker beschreibt die Aspekte der Auswirkungen beim Säugling, und bei der Mutter:

6

Da der Säugling bei Erkrankung in den ersten Lebensmonaten noch nicht zwischen innen und außen unterscheiden kann, leidet er in seiner Gesamtheit. Das ihm zur Verfügung stehende Mittel -Schreien- hilft nicht, weil ihm durch Nahrung und Berührung keine Linderung verschafft werden kann. Es kommt zu einer frühen Reizüberflutung (die als Disposition zur Schizoidie erkannt werden kann). Die Urvertrauensbildung wird gestört, da die Mutter-Kind-Symbiose behindert ist. Die Gründe, warum die Mutter einmal so und einmal anders ist (weil sie ja nicht die Möglichkeit hat, körperliche Missempfindungen zu beseitigen), sind dem Säugling noch nicht greifbar.

Gleichzeitig beobachtet man häufig ein Festhalten an der Symbiose, das sich später in Angst vor Autonomiebestrebungen äußert. Das normale Lernen durch allmähliche Frustration ist schlecht möglich, wodurch die Integration von guten und bösen Selbst- und Objektrepräsentanzen erschwert wird, was wiederum Angst vor eigenen aggressiven Impulsen bewirken kann.

Das lustvolle Erleben des Körpers und seiner Begrenzung durch die Haut ist gestört. Es entsteht ein Mangel an Berührung, da jede Berührung schmerzt. Einzige Abhilfe bringt das Kratzen, wodurch die Haut aber noch mehr schmerzt.

Was auch oft dazu führt, dass Kratzen generell als Mittel bei Unlustempfindungen eingesetzt wird. Nicht adäquat abgeführte aggressive Impulse z.B. können sich in Form von Kratzattacken entladen, wobei der Zusammenhang von Scham, Schuldgefühlen und masochistischer Autodestruktion auffällt.

Bei Kindern wird die Hautkrankheit nicht selten als Druckmittel eingesetzt, wenn sie drohen"... sonst kratze ich mich", was zu weiteren Störungen in der Interaktion der Familie führen kann. (Bosse 1985) Psychisch anspannende Situationen können auch ohne Juckreiz zu impulsivem, automatischem Kratzen führen.

Neurodermitiskinder kompensieren häufig durch eine vorzeitige, schnelle Entwicklung, werden dann als "frühreif" gesehen.

Die vermeintlich als "typisch" gesehene Persönlichkeitsstruktur erwachsener Neurodermitispatienten kann also eine Folge dieser frühkindlichen Verunsicherungen sein: Neigung zu symbiotischen Beziehungsmustern bei gleichzeitiger Angst vor Nähe, Unruhe und Bewegungsdrang, erhöhte Angstbereitschaft vor aggressiven Impulsen, vor Autonomie, vor Überwältigung durch die Umwelt, der sich dann angepasst wird.

Bosse (1985 S.57f) spricht von einer "ausgeprägt strukturellen Ich-Störung" und einer "Verhaltensnormalität", die Anpassung an primitive Überich-Introjekte ist und beschreibt die Objektbeziehungen und Ich-Funktionen "....Auch dem nicht-psychoanalytisch geschulten Beobachter fällt häufig auf, dass erwachsene Patienten.... sich in ihrem Verhalten häufig sehr weitgehend an für sie aktuell bedeutsamen Objekten ausrichten. Sie scheinen den jeweils anderen geradezu seismographisch abzutasten, ihn zu beobachten und zu kontrollieren, und sie reagieren empfindlich auf alle Signale von Unlust beim Gegenüber....." um sich selbst dann so zu verhalten, dass Unlustsignale der Objekte vermieden oder aufgehoben werden können. Bei ihren Objektbeziehungen handelt es sich überwiegend um Selbst-Objektbeziehungen... die in erster Linie Funktionen im Hinblick auf die Aufrechterhaltung des eigenen Selbst- und des eigenen Selbstwertgefühls zu erfüllen haben", wobei diese Objekte im Erleben der Patienten rasch feindselig und bedrohlich werden können, die in Distanz gehalten werden müssen oder in die man sich "einfügt", um keine Reibungsfläche zu bieten. Nach Bosse scheinen sie sich kontinuierlich aus den symbiotischen Beziehungen im Kindesalter zu entwickeln. (ebenda, S. 61) Für mich stellt es sich aber so dar, dass die Beziehungsaufnahme mehr unter dem Aspekt einer nicht gelungenen Symbiose beim Säugling zu betrachten ist. Die Ambivalenz der Gefühle der liebevollen Berührung bei gleichzeitiger Schmerzwahrnehmung durch das Eincremen löst ja den Juckreiz aus, eben als einem wichtigen Aspekt der Störung der Persönlichkeitsentwicklung durch Nähe-Distanz-Probleme.

Erwachsene Patienten geben zudem an, dass sich die Symptome - die Ekzemerscheinungen, im Zusammenhang mit konflikthaften zwischenmenschlichen Situationen verschlechtern und empfinden sich zu einem großen Teil als psychisch labil.

Beim an Neurodermatitis erkrankten Kind können nach Bürgin keine spezifischen Persönlichkeitsmerkmale oder typische Mutter-Kind-Interaktionen nachgewiesen werden. (Bürgin in Uexküll 1996)
Die psychoanalytische Psychosomatik betonte anfangs einseitig die krankmachende Rolle der Mutter und damit ausschließlich seelische Ursachen als Krankheitsverursachung. Das, was als "schuldhaft" gesehen wurde, kann aber auch reaktiv sein, denn auch für die Mutter des kranken Säuglings bestehen schwierige psychische Bedingungen. Nicht nur, weil dieser ästhetisch wenig anziehend ist, sie erfährt, dass eine liebevolle Geste dem Kind Schmerzen bereitet. Was bereits deutlich macht, dass hier nicht einfach ein Zusammenhang von

ursächlichem mütterlichen Fehlverhalten und neurodermitischer Erkrankung zu postulieren ist. Die Abgrenzung vom Kind ist für die Mutter viel schwerer, ebenso die Wahrnehmung von eigenen Interessen. Weil das Kind krank ist, kommt es zu einer überhöhten Zuwendung. Dabei aber auch - wenn dies zu nichts führt - zur unterdrückten Wut, - bei Durchbrüchen zu Schuldgefühlen. Da die Mutter auch oft ihre eigenen Fähigkeiten anzweifeln kann, sich selbst überfordert fühlt, reagiert sie verletzter auf normale aggressive Äußerungen des Kindes, das dann wiederum seine eigenen Gefühle zurückhält.

Sophinette Becker (1990) gibt an, dass es bei Neurodermitis-Kindern sehr häufig keine Trotzphase gibt. Über die Aspekte der Auswirkung der Krankheit in Hinblick auf die Mutter sagt sie weiter:

Der Lernprozess, Mutter zu sein, wird bei Erstgeburten durch die Krankheit des Kindes erschwert.

Die Identifikation mit der eigenen Mutter und die Aktualisierung der eigenen Kindheit verläuft brisanter. Gutgemeinte Ratschläge des sozialen Umfeldes verschlimmern oft nur die Situation. Die Mutter muss auch mit dem Gefühl von Hilflosigkeit fertigwerden, wenn das Kind trotz aller Mühen nicht zur Ruhe kommt und keinen Schlaf findet. Die Gereiztheit und Überforderung wirken auf das Kind zurück, es kratzt mehr, wodurch das Ekzem schlimmer wird usw., behindern es auch bei Entwicklungsschritten wie Objektbeziehungsbildung und Autonomiebestrebungen. Zudem nimmt oft der Vater seine Rolle nicht ein, „Krankheit des Kindes ist Sache der Mutter". So unterstützt er die Symbiose von Mutter und Kind, anstatt dem Kind Sicherheit und Stabilität durch entlastende Identifikationsmöglichkeiten zu geben und auch der Mutter die Möglichkeit gäbe, nicht nur mütterliches Objekt zu sein, eben nur auf das Kind fixiert, was ihr wiederum dabei helfen würde, die Abgrenzung ihres Kindes zu ertragen.

Die Qualität der Beziehung zwischen den Eltern hat also entscheidende Bedeutung für den psychischen und somatischen Zustand des kranken Kindes. Nach Becker kann man einem erstaunliche Besserungen des Hautzustandes des Kindes erleben, wenn es gelingt, den Vater wieder mehr in das Beziehungsgefüge der Familie hereinzuholen.

Ein krankes Kind kann bei einer seelisch labilen Mutter auch das Gefühl auslösen, selbst das Kind krank zu machen oder gar, dass man krank sein muss, um soviel Fürsorge zu bekommen, wenn sie selbst wenig mütterliche Fürsorge erhielt, was zu Hassgefühlen gegenüber dem Kind führen kann.

Die Komplikationen bei Neurodermitis sind meist sekundäre Infektionen, bedingt durch das Aufkratzen der Haut. Weitere Gründe für die Sekundärinfektionen sind vermutete Störungen des Immunsystems, speziell der Leukozyten und Lymphozytenfunktionen, sowie die Sensibilisierung der Haut bei jahrelanger Anwendung von glukokortikoidhaltigen Medikamenten. (Illind & Groneuer, 1991) Kinder und Jugendliche entwickeln als Bewältigungsstrategie ihres durch die Krankheit begründeten Entstellungsempfindens oft eine Vermeidenshaltung. Sie beschränken zum Beispiel persönliche Kontakte auf die Familie, sie isolieren sich, was wiederum zum Verlust sozialer Kompetenz führen kann. Das Entstellungsempfinden bedingt sich auch durch die Persönlichkeitsstruktur des Kranken. Man spricht bei diesen reaktiven Belastungen, die sich aus der chronischen Hautkrankheit ergeben von soma-psychischen Belastungen.

2.4 Therapie

Alle Versuche, die Hauptursache in diesem Gefüge zu identifizieren und zu beseitigen, scheitern. Biologisches, Psychisches, Familiäres und Soziales wirken in jedem Stadium der Krankheit unauflösbar zusammen. Die Behandlung kann nur in einer **psychosomatischen Therapie des Patienten und seiner sozialen Umgebung** bestehen. Das Schema einer therapeutischen Intervention hat Zimprich (1984) aufgestellt. Sie sieht neben dem medizinischen Interventionsverfahren und dem angestrebten Ausschluss individueller, teils allergischer Auslösefaktoren zunächst ein **Familienerstgespräch** vor. Hebel des therapeutischen Ansatzes ist für ihn die durch die allerfrüheste Kontaktaufnahme schwer belastete Mutter-Kind-Beziehung. Die bei chronisch kranken Betreuungsbedürftigen oft durch vorbehandelnde Ärzte fixiert wurde. Zudem sollte eine Veränderung des jeweils frustrierenden Interaktionsgefüges und der Befähigung zur Herstellung autonomer, befriedigender sozialer Kontakte angestrebt werden. Die Aufnahme des Kindes in ein Spital ist für Zimprich abzuwägen. Einerseits entreißt man das Kind der pathologischen, die Krankheit aufrechterhaltenden Kommunikation in der Familie, andererseits spricht man ausschließlich ihm die eigentliche Krankenrolle zu, trägt somit dazu bei, den Kranken als einzig Gestörtem in der Familie abzustempeln. Die Mutter – Kind – Beziehung muss für Zimprich der Hebel des therapeutischen Ansatzes sein, da sie durch die Krankheit schwer belastet ist. Die **organmedizinische Betreuung** darf nicht unterbunden werden neben dem psychotherapeutischen Konzept. Aber nicht auf Kortikoidexterna fixiert werden.

Bereits beim Auftreten eines Ekzems sollte in einem Erziehungsberatungsgespräch die **Gefahr der Überprotektion** beachtet werden. Was durch den Wegfall des sekundären Krankheitsaufrechterhaltungsmechanismus eine Chronifizierung verhindern hilft.

Eine Indikation zu einer **begleitenden Psychotherapie** bei Neurodermitis sollte insbesondere dann gestellt werden, wenn Beziehungskonflikte diagnostiziert werden, die an und für sich bereits Krankheitswert haben, unabhängig davon, ob dies als Bedingung oder Folge der allergischen Erkrankung angesehen wird. Beziehungskonflikte, seien sie nun Ursache oder Folge der Erkrankung des Kindes, manifestieren sich im Laufe einer psychotherapeutischen Behandlung auch in der Beziehung zum Therapeuten. Hierin liegt nach psychoanalytischem Wissen die Möglichkeit einer Veränderung,, indem zum Therapeuten modellhaft eine neue identifikatorische Beziehung konstituiert wird, in der die ungünstigen Konfliktlösungen bearbeitet und modifiziert werden können. Zudem geht es bei den Kindern um das Erlernen, eigene Gefühle ausdrücken zu können, Angst vor aggressiven Impulsen abzubauen, die adäquat zu meistern und Ambivalenz ertragen zu können.

Bei stark ausgeprägter Störung des Beziehungsgefüges ist im Einzelfall zu entscheiden, ob das Kind oder die Mutter oder die Familie als Ganze Psychotherapie erhalten sollte. Ein therapeutischer Zugewinn zeigt sich für den Kranken durch Symptombesserung, Minderung der Häufigkeit und Schwere der Krankheitsschübe, verbesserte Krankheitsbewältigung mit Zunahme der Lebensqualität. Über den verbesserten Ausdruck oder die verbesserte Verarbeitung von Emotionen kann also der Hautzustand, die Neurodermitis, positiv beeinflusst werden

H. Loch (1985) führt zudem an, dass eine **Familien- oder Gruppenarbeit** den Eltern neben einem verbesserten Selbstwert mehr Sicherheit im Umgang mit ihren erkrankten Kindern vermitteln kann. Bei niedriger somatischer Disposition ist eine „Neurodermitis Schulung" als verhaltensmedizinischem Programm angezeigt. (Gieler 1996) Den Widerstand vieler Mütter oder Eltern gegen eine Beratung, die über die Somatherapie hinausgeht, sieht Loch als unbewussten Protest einer vorweggenommenen Schuldzuschreibung, die sie von dem Arzt erwarten. Eben auch, weil sie in der Literatur zur Neurodermitis Ausführungen über die angebliche, durch sie verursachte seelische Fehlentwicklung ihres Kindes lasen und von ihm nur zu hören erwarten, was sie „alles falsch gemacht hätten." Das Motivieren der Mütter müsste nach Zimprich in einladender und ermutigender Form ohne die Erzeugung von Schuldgefühlen erfolgen.

3. Asthma Bronchiale

Das Asthma Bronchiale stellt die häufigste chronische Erkrankung im Kindesalter dar. Heute wird in den westlichen Industrieländern eine Häufigkeit von 6.9% bis 13.5% angenommen. (Petermann 1992) In den letzten Jahren ist allgemein eine Zunahme der allergischen Erkrankungen, insb. auch des Asthma bronchiale beobachtet worden. Indizien dafür sind die Zunahme der stationären Aufnahme von Kindern mit akuten Symptomen sowie die in vielen Ländern angestiegene Todesrate von Kindern mit Asthma. (Niggemannn 1991) Beim Säugling und Kleinkind manifestiert sich das Asthma meist im Rahmen einer infektiösen Lungenaffektion oder als asthmoide Bronchitis mit schleichendem Beginn. Bei etwa 10% der Kinder dauert das Asthma bronchiale bis in die Adoleszenz hinein und weiter.

Mir zeigte sich ein wesentlicher Widerspruch bei Uexküll:
„ Das Asthma beim Säugling oder Kleinkind beginnt häufig zwischen dem 6. und 12. Lebensmonat..." (Bürgin in Uexküll 1996, S. 1153)
„Bei Kindern unterhalb des zweiten Lebensjahres findet sich Asthma bronchiale so gut wie nicht." (Schüffel in Uexküll 1996, S. 812)
„....Von dort aus ist die Feststellung interessant, dass Kinder unter zwei Jahren kein Asthma bekommen" (ebenda, S. 821. Eine Unterscheidung zwischen extrinischem und intrinischem Asthma wird von Schüffel nicht vorgenommen und ist auch nicht vom Text ableitbar.

3.1 Krankheitsbild des Asthma bronchiale

Der Begriff Asthma bronchiale wird in der Medizin schon seit Jahrhunderten gebraucht, eine einheitliche Definition konnte aber bisher noch nicht erstellt werden. Nolte definiert Asthma funktionsanalytisch als eine variable und reversible Atemwegsobstruktion infolge Entzündung und Hyperaktivität der Atemwege. Diese medizinische Definition geht davon aus, dass eine organpathologische Veränderung Voraussetzung für die Krankheitsentstehung ist und betont die Anfallsartigkeit, mit der die Symptomatik auftritt. Psychologischen Faktoren billigt Nolte nur zweitrangig Bedeutung zu. (Nolte 1989) Die heute vorliegenden Definitionen spiegeln in ihrer Verschiedenartigkeit die Komplexität des Krankheitsbildes wider. Bei dieser Diagnose liegen keine eindeutigen Symptome und keine organpathologischen Veränderungen vor, die immer und ausschließlich beobachtet werden können. Am Asthma als allergische Reaktion sind vielfältig vernetzte immunologische, neuroendokrine und zelluläre Systeme beteiligt. Asthma bronchiale ist demnach kein lokaler Vorgang, sondern ein komplexes Interaktionsmuster des Gesamtorganismus. Charakteristisch ist die Eigendynamik, oft tritt eine Überempfindlichkeit gegenüber vielfältigen anderen Reizen auf, die auch bedeutsame Situationen und Vorgänge im Leben des Kranken betrifft. Dabei kann es auch ohne Anwesenheit von Allergenen zur Asthmatischen Reaktion kommen. (Schüffel 1996)

Darüber hinaus werden in vielen Definitionen die subjektiven Empfindungen, die mit der Atemstörung einhergehen, nicht berücksichtigt. Eine Einbeziehung dieser Aspekte erscheint aber notwendig, da man der Komplexität des Syndromkomplexes ansonsten nicht gerecht wird. (Schüffel 1996) Im Unterschied zum Schmerz zum Beispiel können die physiologischen Komponenten des subjektiven Gefühls – insbesondere die Veränderung des Atemwegswiderstandes – unmittelbar gemessen und in einen direkten Zusammenhang zu der subjektiven Atemnot gesetzt werden. Vor allem bei der Untersuchung psychologischer Komponenten der Entstehung und der Aufrechterhaltung der Krankheit ist es notwendig, diese subjektiven Empfindungen mit zu berücksichtigen. Die Erstmanifestation erfolgt meist zwischen dem 6. und 12. Lebensmonat und verschwindet beim Kleinkind häufig im Verlauf des 3. Lebensjahres Die Anfälle erfolgen meist nachts, die Erstickungsangst verstärkt die Atemnot. Praktisch immer besteht eine bronchiale Übererregbarkeit, kombiniert mit einer psychischen Übererregbarkeit. Die Stimulationsbereitschaft der Mastzellen ist gesteigert. Oft ist das Asthma mit anderen Atopien – Neurodermitis oder/und Rhinitis vasomotorica verbunden.

Für den Gesunden ist ein asthmatischer Anfall nur schwer nachvollziehbar. Möglicherweise entspricht es einigermaßen dem Vorgang, wenn wir uns vorstellen, wir müssten fortgesetzt durch einen Strohhalm einatmen und könnten beim Ausatmen nur einen kleinen Bruchteil der eingeatmeten Luft wieder ausstoßen" (Miltner, 1986, S 269) Die Ausatmung ist verlängert, hörbar akzentuiert und subjektiv erschwert, Das Erleben ist ganz auf den Atmungsvollzug eingeengt. Dabei sind die Kranken unzugänglich, verhalten sich scheinbar abweisend. Dabei ergreift die Neigung zur Isolation immer mehr Lebensbezüge.

Unter Einbezug organischer, emotionaler und psychologischer Faktoren ergibt sich für die Forschergruppe um Richter (1987) eine mehrdimensionale Betrachtung des Krankheitsbildes, die zudem mit Untersuchungen aus den USA (Kinsman 1974) übereinstimmte. Hieraus resultierte eine Asthma-Symptomliste (ASL) mit fünf Skalen, zwei davon beziehen sich auf körperliche Beschwerden, drei Skalen sind Befindlichkeitsdimensionen. (Richter und Dahme 1987)

Skala 1 "nervöse Ängstlichkeit": 33% der Patienten fühlen sich oft/immer während ihrer Anfälle ängstlich, nervös, beunruhigt, hilflos, unglücklich und haben Angst, alleingelassen zu werden

Skala 2 "ärgerliche Gereiztheit": 19% der Patienten beschreiben sich während der Anfälle als oft/immer gereizt, ärgerlich, schlecht gelaunt, kratzbürstig, aufbrausend, zornig.

Skala 3 "Obstruktive Atembeschwerden": 85 % der befragten Patienten klagen oft /immer über körperliche Beschwerden, wie Druck auf der Brust, Stau in der Brust, nach Luft ringen, Atemgeräusche, Erstickungsgefühle

Skala 4 "Müdigkeit": 49% geben an, oft/immer unter Müdigkeit, Trägheit und Schläfrigkeit zu leiden, sich abgespannt, lahm und erschöpft zu fühlen

Skala 5 "Hyperventilationssymptome": Im Anfall kommt es zu einer starken Hyperventilation, bedingt durch das panikartige, extrem kurz aufeinanderfolgende "Nach Luft schnappen" des Patienten. Damit gehen Symptome wie Schwindel, Jucken und Brennen auf der Haut, Kopfschmerz, Kribbeln und Prickeln wie von tausend Stecknadeln verursacht einher. 9% der Patienten leiden unter diesen Symptomen.

Neben dieser faktoriellen Beschreibung der Krankheit ergibt sich auch aus der Betrachtung der den Anfall auslösenden Bedingungen eine Möglichkeit, das Krankheitsbild zu klassifizieren. Eine ganze Reihe von Auslösern kann Asthmasymptome hervorrufen, die wichtigsten sind: Infekte, Allergene, körperliche Belastung, Umweltfaktoren, Wetterbedingungen und psychogene Faktoren. Die meisten Kinder reagieren auf verschiedene Triggerfaktoren mit bronchoobstruktiven Symptomen.

Es wird unterschieden zwischen extrinischem (allergischem) und intrinischem Asthma, bei dem kein solcher externer Auslöser identifizierbar ist. Es gibt aber auch Mischformen und

Übergänge während des Krankheitsverlaufs in die andere Form, weshalb diese Einteilung kritisiert wird. (Wistuba 1983)

3.2 Psychoanalytische Befunde

Vertreter der Psychoanalyse wie de Boor (1965) sehen die Krankheit Asthma bronchiale als Verhalten, das in frühen Kindheitsjahren im Umgang mit der Bezugsperson erlernt wurde. "Im Zentrum steht die konflikthafte Beziehung zur Mutter, der Konflikt zwischen Anklammerungs- und Unabhängigkeitsbestrebungen zu ihr. Der drohende Verlust der Bindung an die Mutter veranlasst das Ich (gemeint im psychoanalytischen Sinn als strukturierendes Funktionszentrum) den Kranken zu verschiedenen Abwehrleistungen. Bricht diese psychische Abwehrfunktion zusammen, kommt es unter Einschaltung regressiver Mechanismen zum Asthmaanfall" (de Boor 1965 S. 217-218) Nach Ansicht der Psychoanalyse sind beim Asthmakranken die Abwehrfunktionen, die das Ich zur Verfügung hat, durch frühe Störungen in der psychischen Entwicklung der Ich-Funktion stark behindert. Diese Störungen beziehen sich auf drei grundlegende Aspekte:

1. Ein Ambivalenzkonflikt zur Mutter bzw. ihrer Repräsentantin, d. h. ein Konflikt zwischen größtmöglicher Annäherung an die Mutter und gleichzeitig dem Bedürfnis nach Abgrenzung. "Dieser Ambivalenzkonflikt wird symbolisch durch den Schrei und gleichzeitig dessen Unterdrückung ausgedrückt" (Schüffel 1996 S. 812)

2. Es besteht eine gestörte psychosexuelle Entwicklung auf allen Reifungsstufen des psychoanalytischen Entwicklungsmodells.

3. Das Verhältnis zwischen Ich-Ideal und Über-Ich ist gestört (Schüffel 1996)

In der frühen oralen Phase beginnt die Entwicklung des angesprochenen Ambivalenzkonfliktes. (de Boor 1965) Als Störung liegt hier ein nahezu unersättlicher Wunsch nach Befriedigung der oralen Impulse vor und einer sehr geringen Toleranz, wenn diesem nicht sofort nachgegeben wird. Das hat dann Konsequenzen für die folgende anale Phase. Die Nichterfüllung des Wunsches führt zur Fixierung der libidinösen Bedürfnisse auf ganz früher Ebene. In der analen Phase erfolgt eine Art Integration, positive und negative Anteile eines Menschen nebeneinander vorkommend wahrzunehmen und als sich einander ergänzend in sich zu integrieren. Asthmatiker sind dazu nicht in der Lage, obwohl sie beide Anteile sehen. Daraus ergibt sich ein Konflikt zwischen dem extremen Wunsch nach Annäherung an die positiven Anteile der Bezugsperson und der extrem aggressiven Neigung nach Distanz zu den negativen Anteilen und gleichzeitiger Angst vor dem Ausbruch dieser Aggressionen gegenüber der Bezugsperson. Deshalb richtet er diese Aggression nach innen, gegen sich selbst. " Nach psychoanalytischer Auffassung liegen die Ursachen der Krankheit Asthma bronchiale in Störungen innerhalb der frühen Kindheit. Daraus resultiert u.a. auch ein Krankheitsverhalten, das durch eine extreme Angst gekennzeichnet ist.... So wird beim Asthmatiker einerseits der Arzt dringend um Hilfe ersucht, andererseits fühlen sich die Patienten von ihren Ärzten dominiert und meiden sie. " (Schüffel 1996 S. 812). Für die Beziehungsmedizin macht de Boor wichtige Aussagen, indem er die Entwicklungsstörungen zwischen Ideal-Ich und Über-Ich verfolgt. Das Ich-Ideal hat bedürfnisbefriedigende Funktion, das Über-Ich einschränkende, im Sinne der durch Erziehung vermittelten Norm und Moral verbietende Funktion. Einerseits fühlt sich der Patient als Folge des gestörten Ich-Ideals äußerst klein, andererseits kann er sich aber auch dadurch wieder sehr groß fühlen, dass er die Eltern mit Omnipotenz ausstattet und sich mit ihnen identifiziert. (Schüffel 1996) Aus dieser Identifikation ergibt sich gleichzeitig eine immens hohe Norm in der Instanz des Über-Ich, die der Kranke erfüllen muss. Er sieht sich einer Umwelt gegenüber, die nach seiner Empfindung ein unerreichbar hohes oder zumindest schwer erreichbares Anspruchsniveau hat. Der Kindheitskonflikt wiederholt sich also im Arzt- Patienten-Verhältnis. Hierin liegt nach psychoanalytischer Perspektive die Möglichkeit, modellhaft eine neue identifikatorische Beziehung zum Psychotherapeuten aufzubauen, diese zu bearbeiten und letztendlich zu modifizieren.

3.3 Psychosomatik

Die psychosomatische Theorie kennt die beschriebene zeitliche Fixierung nicht. Es zeigt sich aber trotzdem eine Verbindung zur Psychoanalyse durch den Ambivalenzkonflikt des Patienten zwischen Annäherung und Abgrenzung als zentralem Thema.

Die empirische psychosomatische Forschung hat sich in den letzten drei Jahrzehnten auf diejenigen psychologischen Faktoren konzentriert, die akute asthmatische Beschwerden auslösen können, sowie auf diejenigen psychosozialen Bedingungen, welche für die Aufrechterhaltung dieser Erkrankung günstig, bzw. ungünstig sind. Der Psychosomatik liegt demnach ein Krankheitsverständnis zugrunde, das die Erkrankung in die persönliche Lebensgeschichte eingebettet sieht und als Lösungsversuch von Lebensproblemen betrachtet. So konnte in einer Reihe experimenteller Studien nachgewiesen werden, dass der Atemwegswiderstand, ein Maß für den Obstruktionsgrad der Bronchien und Bronchiolen, als Antwort auf emotionale Belastungen und Stressoren bei Asthmatikern reproduzierbar ansteigt. Diese unstrittig nachweisbaren Effekte werden parasympathisch vermittelt. Es besteht also kein Antagonismus, sondern eine spezifisch interagierende Funktionseinheit. Besonders ausgebildete, „spezifische". Organübergreifende Funktionseinheiten treten im Laufe der Lebensgeschichte mit spezifischen und unspezifischen äußeren Lebensbedingungen und seelischen Einstellungen und Verarbeitungsweisen in eine Wechselbeziehung.

Schon früh im Krankheitsverlauf wird die Symptomatik auch zu einem wesentlichen Bestandteil der Beziehung zur Mutter.

Obwohl vielfach eine Störung der Mutter – Kind – Beziehung beobachtet werden kann, gibt es keine besondere Persönlichkeitsstruktur asthmakranker Kinder. Es zeigen sich aber Unterschiede zwischen Kindern mit und ohne Allergien. (Bürgin 1996) Allergische Kinder sind schnell überfordert, versuchen durch Regression ein neues Funktionsgleichgewicht herzustellen und enden bei Nichtgelingen oft in einer somatischen Dekompensation. Auslöser können dabei schulische Probleme, Beziehungskonflikte und Affekte wie Wut und Ärger sein.

. Die Säuglinge und Kleinkinder mit Allergien zeigen ein enormes Kontaktbedürfnis, aber keine Wünsche nach längerdauernden und ausschließlichen Beziehungen, sie vermeiden den Individuationsprozess. Die objektunspezifische Beziehungsart ermöglicht es ihnen, nie einen „Fremden" entstehen zu lassen. Statt einer autoerotischen Aktivität bildet sich infolge Triebblockierung auf dieser frühen Stufe eine Funktionsstörung (Atopie)aus. Tritt das Asthma erst im Schulalter auf, sind Regressionen auf eine frühe fusionelle Beziehungsmodalität mit dem Versuch einer primären Indentifikation mit der Mutter immer wieder zu beobachten

Die bei asthmatischen Kindern zu beobachtenden psychischen Veränderungen sind auch bei Kindern, die unter anderen chronischen Erkrankungen leiden, zu finden und werden heute als sekundäre Folge der Krankheit angesehen.

3.4 Therapie

Da bei vielen Atopikern phasenweise mehr die neurodermitische oder die asthmatische Symptomatik das Bild bestimmt, scheint eine strenge Abgrenzung der Psychosomatiken nicht sonderlich sinnvoll. Die Belastung des Familiensystems ist hier durch die Erkrankung mehr akut, dann aber lebensbedrohlich für das Kind. Einerseits ist die Behandlung somatischer Art durchzuführen, andererseits eine genaue Psychodiagnostik vorzunehmen. Oberstes Prinzip jeder Behandlung muss es sein, die Familie des asthmakranken Kindes in die Besprechung mit einzubeziehen. Durch eine solche Aufklärungsarbeit werden die Eltern zu Experten der Krankheiten ihrer Kinder gemacht. Sie lernen, die Symptome rechtzeitig zu erkennen und die ersten notwendigen Therapiemaßnahmen selbstständig einzuleiten. Das nimmt ihnen und ihrem Kind die Angst und unterbricht damit den Circulosus vitiosus, der über Atemnot, Angst, Überbehütung und Isolation des Kindes zu einer Dysfunktion des Familienlebens. Oft kommt es vor, dass sich die Familie als intakt erachtet und das Spannungspotential leugnet, da Konflikte vermieden oder umgeleitet werden. Die Eltern haben oft Angst, einen Asthmaanfall des Kindes auszulösen, wenn Konflikte ausgetragen werden, während das Kind seine Symptome wiederum gezielt als Mittel zur Konfliktverhütung einsetzen kann. Die Folge sind Verstrickungen zwischen den einzelnen Familienmitgliedern. Durch die Konfliktverdrängung stellt sich die Familie auch nach außen als völlig intakt dar und leugnet jede Problematik. (Loch 1985) Wenn sich dadurch die pathologischen Verhaltensmuster in der Familie nicht lösen lassen, ist die Indikation für eine Familientherapie gegeben. Eine Psychotherapie ist auch dann angezeigt, wenn sich für den Kranken und/oder seine Familie psychischen Konsequenzen im Zusammenhang mit der Krankheit oder sogar deren Chronifizierung ergeben. Das können Depressionen, Stoizismus, Ängste und sogar Suizidalität sein, die mit der Krankheit verkoppelt sind. Auch Regressionen auf eine frühe fusionelle Beziehungsmodalität mit dem Versuch einer primären Identifikation mit der Mutter sind immer wieder zu beobachten. Der Gesundheitswille kann dadurch beeinträchtigt sen. (Bürgin 1996) Psychotherapeutische Maßnahmen sollten sekundären somatischen

Störungen mit Chronifizierung zuvorkommen. Wenn alle lebenswichtigen Entscheidungen eines Lebens gefallen sind, der Patient sich regressiv in den körperlichen und seelischen Status des Krankseins eingelebt hat, ist es schwer, eine neue Bewegung in Gang zu bringen.

Bei unkontrolliertem Gebrauch von Tascheninhalatoren, vor allem in der Adoleszens, kann eine Sucht und Abhängigkeit von Sympathikomimetika entstehen.

Übende Verfahren wie funktionelle Entspannung, Atemtherapie, oder autogenes Training können als Entspannungsübungen eine Hilfe sein, die eingefahrene Fehlatemformen zu überwinden. Die Atemtherapie hat sich mit verschiedenen Techniken einen festen Platz in der Asthmatherapie erworben. Es werden auch Vorschläge zu Atem- und Lagerungstechniken während des Asthmaanfalls angeboten. Die Atemtherapie zielt im ganzen auf eine andere seelische Einstellung. (Entspannung und Geschehenlassen) Körperzentrierte Verfahren können auch als Einstieg für Gespräche gut benutzt werden, da der Patient in seiner Fähigkeit, mit den Gefühlen umzugehen, die die mitmenschliche Nähe und das Gespräch mit dem Therapeuten mit sich bringen nicht dabei überfordert werden darf. Der Patient findet dabei weniger Gelegenheit, seinen speziellen Konflikt mit dem Therapeuten zu agieren, der Konflikt zwischen ausgeprägten Anlehnungs- und Abwehrtendenzen des Patienten kann dadurch besser bewältigt werden. Es gilt dabei herauszufinden, an welchem individuell ausgestalteten Ambivalenzkonflikt der Asthmakranke vor dem Auftritt der Symptomatik leidet, die auslösende Konfliktsituation und deren Psychodynamik zu erkennen und zu bearbeiten.

19

Literaturverzeichnis

Becker ,S: Neurodermitis. In: Wiessee J.(Hrsg): Psychosomatische Medizin in Kindheit und Adoleszenz. Verlag für Medizinische Psychologie, Göttingen 1990 S. 63 - 73

Bosse, K., Diepold, B., Heigl, F., Heigl-Evers, A., Streek, U.: Familiale Sozialisation, Ich-Entwicklung und psychosomatische Krankheit am Beispiel von Patienten mit endogenem Ekzem. In: Leber,A.,Trescher,H.-G., Büttner, C., (Hrsg.): Die Bedeutung der Gruppe für die Sozialisation. Teil I. Kindheit und Familie, Verlag für Med. Psychologie Göttingen, 1985 S. 52-64

Bürgin, D., Rost, B.,: Krankheiten in Kindheit und Jugend. In: Uexküll -Psychosomatische Medizin. 5. Auflage Urban & Schwarzenberg, München 1996 S.1131 - 1161

De Boor, C.: Zur Psychosomatik der Allergie insbesondere des Asthma bronchiale. Bern: Huber, 1965

Gieler, U., Stangier, U.,: Dermatologie. In: Uexküll - Psychosomatische Medizin. 5. Auflage Urban & Schwarzenberg,, München 1996, S. 1087-1101

Illing, S. & Groneuer, K.J: Neurodermitis - Atopische Dermatitis. Hippokrates, Stuttgart 1991

Loch, H.: Das Ekzem-Kind in seiner Familie. In: Klug, H.P., Specht, F.(Hrsg.): Psychosomatische Störungen bei Kindern und Jugendlichen.Göttingen, Verlag für Med. Psychologie 1985 (S. 46 - 60)

Miltner, W.: Asthma bronchiale. In: Miltner, W.; Birbaumer, N,; Gerber, W.D.: Verhaltensmedizin. Berlin: Springer. 1986, S.269-285

Nolte, D.: Ist Asthma eine psychosomatische Erkrankung? In : Medizinische Klinik,84 (1989)

Petermann, F., Lecheler, J. (Hrsg.): Asthma bronchiale im Kindes- und Jugendalter Quintessenz Verlags-GmbH, München 1992

Richter, R.: Dahme, B.: Psychosomatische Aspekte des Asthma bronchiale. Praxis und Klinik der Pneumalogie, Sonderheft 1, 41. 1987

Schüffel, W., J.M. Herrmann, B. Dahme, R. Richter: Asthma bronchiale. In: Uexküll, Th. v. , R. Adler, J. M. Herrmann,, K. Köhle, O.W. Schonecke, W. Wesiak (Hrsg.): Psychosomatische Medizin 5. Auflage Urban und Schwarzenberg, München 1996

Wirsching, M.,: Psychosomatische Medizin, C. H. Beck, München, 1996

Zimprich, H.,: Kinderpsychosomatik, Thieme Verlag, Stuttgart, 1984